FAZER **SORRIR,** PODER **SONHAR**

Editora Appris Ltda.
1.ª Edição - Copyright© 2023 do autor
Direitos de Edição Reservados à Editora Appris Ltda.

Nenhuma parte desta obra poderá ser utilizada indevidamente, sem estar de acordo com a Lei nº 9.610/98. Se incorreções forem encontradas, serão de exclusiva responsabilidade de seus organizadores. Foi realizado o Depósito Legal na Fundação Biblioteca Nacional, de acordo com as Leis nos 10.994, de 14/12/2004, e 12.192, de 14/01/2010.

Catalogação na Fonte
Elaborado por: Josefina A. S. Guedes
Bibliotecária CRB 9/870

| | |
|---|---|
| R484f 2023 | Ribeiro, Rodrigo Fernando<br>Fazer sorrir, poder sonhar / Rodrigo Fernando Ribeiro. – 1. ed. – Curitiba : Appris, 2023.<br>31 p. ; 21 cm.<br><br>ISBN 978-65-250-4571-9<br><br>1. Esperança. 2. Alegria. 3. Sorrisos. I. Título.<br><br>CDD – 234.25 |

Editora e Livraria Appris Ltda.
Av. Manoel Ribas, 2265 – Mercês
Curitiba/PR – CEP: 80810-002
Tel. (41) 3156 - 4731
www.editoraappris.com.br

Printed in Brazil
Impresso no Brasil

Rodrigo Fernando Ribeiro

# FAZER **SORRIR**, PODER **SONHAR**

## FICHA TÉCNICA

**EDITORIAL** Augusto Vidal de Andrade Coelho
Sara C. de Andrade Coelho

**COMITÊ EDITORIAL** Marli Caetano
Andréa Barbosa Gouveia (UFPR)
Jacques de Lima Ferreira (UP)
Marilda Aparecida Behrens (PUCPR)
Ana El Achkar (UNIVERSO/RJ)
Conrado Moreira Mendes (PUC-MG)
Eliete Correia dos Santos (UEPB)
Fabiano Santos (UERJ/IESP)
Francinete Fernandes de Sousa (UEPB)
Francisco Carlos Duarte (PUCPR)
Francisco de Assis (Fiam-Faam, SP, Brasil)
Juliana Reichert Assunção Tonelli (UEL)
Maria Aparecida Barbosa (USP)
Maria Helena Zamora (PUC-Rio)
Maria Margarida de Andrade (Umack)
Roque Ismael da Costa Güllich (UFFS)
Toni Reis (UFPR)
Valdomiro de Oliveira (UFPR)
Valério Brusamolin (IFPR)

**SUPERVISOR DA PRODUÇÃO** Renata Cristina Lopes Miccelli

**ASSESSORIA EDITORIAL** Priscila Oliveira da Luz

**REVISÃO** Simone Ceré e Nathalia Almeida

**PRODUÇÃO EDITORIAL** Bruna Holmen

**DIAGRAMAÇÃO** Renata C. L. Miccelli

**CAPA** Sheila Alves

# NOTA AO LEITOR

A vida sempre ganha novo sabor e valor, brilho e cor, quando realizamos os nossos mais sinceros e bondosos desejos da alma. Ao aprimorarmos a nossa maneira de viver, percebemos que o nosso existir faz parte de um projeto infinito, de uma dimensão sagrada. Sorrindo, vamos iluminando a nossa caminhada. Na realização dos sonhos, vamos fortalecendo a nossa fé e renovando a nossa esperança.

*Dedico este livro a Jesus Cristo, que me deu tudo.*

# AGRADECIMENTOS

Agradeço a todas as pessoas, seres e demais criaturas que estiveram ao meu lado, estão em mim, próximos, distantes, palpáveis ou invisíveis – familiares, bons amigos e amigas, anjos, professores e professoras, sacerdotes, santos e santas de Deus, fauna e flora que também me serviram de inspiração. De modo especial, agradeço aos meus pais e avós, à minha esposa, às minhas filhas e às minhas cachorrinhas de estimação... Companhias de estímulo, entusiasmo e motivação.

*Coloquem nas mãos de Deus qualquer preocupação, pois é Ele quem cuida de vocês.*

*(1 Pedro 5, 7)*

# APRESENTAÇÃO

Rir...
Riso...
Sorrisos...
Encontros e encanto!
Dificuldades e superações.
Felicidades, tribulações.
Alívio, pranto.
Confiança, entrega.
Oportunidades de aprendizado.
Momentos de eternidade.
O riso nos permite sonhar.
Nos favorece compreender, oportuniza amar.
O olhar se enche de graça e esperança!
Nos faz voltar a ser criança.
Quem sorri e sonha experimenta a força e a ternura do Eterno em nós.
Não estamos sós.
A Luz nos habita.
Podemos todos irradiar essa luz.
Ilumine você também...

# PREFÁCIO

A busca pela felicidade é algo constante em nossas vidas.

Almejamos nos abarrotar de coisas e bons sentimentos para tornarmos o árduo cotidiano um pouco mais leve, mas pecamos quando deixamos de reconhecer os pequenos detalhes que nos permitem ser felizes, como o bom humor, por exemplo.

Qual é o impacto causado pelo bom humor na vida das pessoas? Por que isso nos ajuda em nossas relações interpessoais e em nosso bem-estar? Quais são os fundamentos que acompanham e comprovam essa alegação?

Se quiser respostas para essas perguntas, o caminho é seguir com a leitura deste livro.

Não existe fórmula mágica para extinguir todas as tribulações que encontramos ao longo de nosso caminho, pois elas fazem parte do processo pelo qual estamos passando antes de termos por encerrada nossa missão terrena e, aí sim, irmos ao encontro da felicidade plena, ao lado do Pai.

Contudo, existem aspectos, características e circunstâncias mundanas e espirituais que nos aproximam da paz de espírito, fazendo com que possamos dar leveza aos nossos dias, e é isso que esta obra se propõe e, verdadeiramente, leva aos seus leitores.

Quem conhece Rodrigo o enxerga em todas as linhas que lerão neste livro.

Cada palavra por ele escrita faz parte do ser que ele é e da missão que decidiu assumir com coragem e simplicidade: direcionar sua atenção para algumas coisas que para muitos indivíduos distraídos passam imperceptíveis.

Cristão, inteiramente ligado à família, amante dos animais e da natureza, devoto de São Francisco e Santa Clara de Assis, observador e leitor nato, Rodrigo também é apreciador da boa música e da boa arte...

Além disso, o autor foi abençoado com muitos dons: é psicólogo, professor, palestrante, escritor, evangelista, radialista, locutor e humorista.

De nada valeriam tantas qualidades se elas não fossem partilhadas.

Comigo, além de conhecê-lo pessoalmente, na alegria de tê-lo como primo e padrinho, desde cedo ele tem compartilhado o que você, leitor, leitora, encontrará ao longo do livro.

São ensinamentos que me fizeram sorrir, sonhar, ler, cantar, amar... imensurável contribuição para que eu me tornasse quem sou!

Agora, chegou o momento de partilhar com cada um de vocês um modo de requalificar, ressignificar a sua existência, dando um novo sentido ao futuro que se inicia.

*Feliz aquele que transfere o que sabe e aprende o que ensina.*
*(Cora Coralina)*

Desejo a todos uma ótima leitura!

**Amanda Caram do Carmo**
*Advogada (OAB/MG 214.368)*

# SUMÁRIO

SORRIR, CANTAR, VIVER E AMAR .................................................... 19

LER É VIAJAR ................................................................................... 23

O RISO E O ÓDIO ............................................................................ 24

PEQUENAS ÁGUIAS ......................................................................... 26

DOS PAIS PARA OS FILHOS ............................................................ 27

PENSAMENTOS COMPLEMENTARES ............................................... 28

FAZER SORRIR, PODER SONHAR ................................................... 30

# SORRIR, CANTAR, VIVER E AMAR

*A alegria do coração é a vida...*

**(Eclesiástico 30, 22)**

De muitos modos o bom humor alivia a dor...
Não cura, nem faz esquecer, mas permite abrandar.
E se faz abrandar, podemos voltar a sonhar, a esperançar!
Continuar a viver.
Podemos rever e recomeçar...
Podemos abraçar!
Conseguimos amar!
Eis o Mandamento Novo de Jesus de Nazaré!
Amar!
Amar como Ele nos amou.
Este é o propósito dessa revelação máxima do amor de Deus aos homens.
Nós, seres humanos, falhos que somos, limitados, fragilizados, erraremos.
Apesar disso, precisamos tentar, lutar, cooperar, comungar, superar.
Mente solícita, coração compassivo, palavras autênticas, gestos desvelados.
Quem é feliz sonha...
Quem sonha canta!
Quem canta encanta.
O que a música tem a ver com a alma?

Ou o que a alma tem a ver com a música?

Leia com atenção estas frases de grandes e sensíveis personalidades:

*A música é celeste, de natureza divina, e de tal beleza que encanta a alma e a eleva acima da sua condição.*

**(Aristóteles)**

*Quem canta reza duas vezes.*

**(Santo Agostinho)**

*A alma está cheia de música.*

**(Rubem Alves)**

Esses três pensadores estão afirmando que Deus é músico! Deus criou a nossa alma e, por essência, ela é musical. Encantadora!

Deus é Amor, é Misericórdia, é Justiça... E é músico também!

A boa música tem poder de nos tocar profundamente. De nos comover assiduamente. De convencer eficazmente. E de converter verdadeiramente.

Nós certamente adoecemos quando a nossa vida fica vazia de música.

Precisamos de música! De boa música...

A religião judaico-cristã diz que o ser humano foi criado à imagem e semelhança de Deus. Já que o ser humano surgiu dessa maneira, a música então é intrínseca a nós, ela está registrada, assinada em nossa alma pelo Criador.

A ciência reconhece o bem que faz a boa música... De fato, a boa música pode, sim, aliviar muitas das nossas angústias de alma. Existe até uma especialidade terapêutica denominada musicoterapia. Papai e mamãe que cantam para o bebê fazem um bem enorme, definitivo, abençoado.

Família que canta, sorri junta! Irradia alegria que contagia. E não é somente gente que gosta de boa música. Passarinho gosta também. E canta junto! Cachorrinho gosta que até adormece. Golfinho gosta e saltita! E por aí vai... A natureza está cantando e dançando o tempo todo! Olhe! Ouça! Sinta! Perceba! Compreenda! Assimile! Vivencie! Partilhe...

Mesmo se diante de uma boa melodia o indivíduo se sente envergonhado e, por causa desse acanhamento, em vez de dançar fica parado feito uma estátua, ainda assim sua alma quer dançar, quer cantar... Na verdade ela dança e canta, mesmo quando no corpo esteja temporariamente cerceada!

A imaginação vai longe... A alma se imagina pulando, gesticulando, sorrindo, mesmo com o corpo contraído, rígido, tenso, tímido.

Já quem se solta se deixa levar, se expressa com mais leveza! Permite agir melhor a natureza.

No fundo, tanto soltar-se quanto conter-se corporalmente diante da boa música são maneiras do corpo se expressar. Cada gesto explícito ou contido, flexível ou rígido, introspectivo ou extrovertido são formas de expressão. Sim... Um movimento notável ou outro aparentemente imperceptível são ambos movimentos expressivos, ou seja, eles são psicológicos. Cada atitude corporal, seja ela máxima, mediana ou mínima, está nos dizendo algo, comunicando algo, mostrando algo, revelando algo. Algo da nossa natureza, do nosso temperamento, do nosso caráter, da nossa personalidade, do jeito de ser de cada um, enfim. E isso precisa ser valorizado, respeitado.

Conclusão: ninguém fica indiferente diante da boa música.

A música é parte constitutiva do nosso ser. Essencialmente somos seres musicais.

A boa música nos permite fazer surgir um jeito mais feliz de viver... De conviver, de repartir. Você é capaz de cantar, dançar, se alegrar e ter paz?

# LER É VIAJAR

Ler é viajar...

É respirar, refletir, meditar, contemplar, imaginar.

Criar.

Lemos livros, lemos pessoas, lemos situações.

Ler é compreender! É viver!

É aprender a partilhar!

Lendo, ampliamos a nossa percepção da realidade.

Entramos em contato com a nossa subjetividade.

Assim como as árvores, permanecemos firmes e fixos ao solo, mas também abertos à imensidão das novas possibilidades.

Das novas ideias! Da criatividade!

Lendo, nós nos libertamos.

Amenizamos conflitos. Curamos corações aflitos.

Lendo, nós nos aproximamos. Lado a lado caminhamos.

Louvamos, agradecemos! Voamos.

Encantados: amamos!

Amém.

Sorria!

Leia mais você também!

# O RISO E O ÓDIO

*As pessoas não podem odiar quando estão rindo [...]. Comédia, humor, chame como preferir, é frequentemente a diferença entre a sanidade e a loucura, a sobrevivência e o desastre, inclusive a morte. [...] É a válvula de escape emocional do ser humano. Se não fosse pelo humor, o homem não sobreviveria emocionalmente.*

*(Jerry Lewis)*

Esse pensamento do ator e comediante estadunidense Jerry Lewis é autoexplicativo. Não carece de maiores explicações.

Jerry Lewis compreendeu aquilo que o genial Charles Chaplin já havia experimentado, e Ben Sirac nos revelado no livro sagrado de Eclesiástico.

Você compreendeu como o bom humor nos faz tão bem?

Bom humor não significa passar pela vida zombando, nem mesmo ficar contando "piadinhas". A essência do bom humor é o respeito e a gratidão. É também crítica e compaixão. Quem é grato reparte.

Você já percebeu que humor rima com amor?

O bom humor está na mente e no coração daquela criatura que se percebe acolhida e, por isso, se sente amada pelo Criador. Onde não há bom humor, impera o desamor... E desamor é ausência de Deus. Na ausência do amor de Deus a pessoa facilmente comete maldades e injustiças.

Evidentemente, quando falamos em bom humor, nós estamos falando do riso, do ato de sorrir, de agradecer, e não do deboche, do escárnio. Não podemos nem devemos rir da desgraça, e a desgraça característica da desumanidade é a guerra, que faz fortunas e tira milhões de vidas. A guerra começa no coração, despersonaliza a mente, desfigura a família, agride a comunidade, danifica a sociedade. Como rir disso? Então não é sobre isso que estamos falando... A injustiça precisa ser combatida com firmeza e fé, com seriedade e esperança.

Reflita sobre um pensamento de Carlos Drummond de Andrade:

*Que a felicidade não dependa do tempo, nem da paisagem, nem da sorte, nem do dinheiro. Que ela possa vir com toda simplicidade, de dentro para fora, de cada um para todos.*

A felicidade que *apodrece* vem da ostentação, da luxúria, do egoísmo, da ingratidão.

Já a felicidade que *permanece* vem da simplicidade, do gesto de repartir, da atitude de agradecer!

# PEQUENAS ÁGUIAS

*Pequenas águias correm riscos quando voam, mas devem arriscar [...].*
*Haja mau tempo, haja correntes traiçoeiras, se já tem asas seu destino*
*é voar [...]. Não vou brincar de não ter sonhos se eu os tenho.*

*(Padre Zezinho)*

O cultivo do bom humor faz florescer a saúde, a sanidade e a santidade! Se você tiver curiosidade, leia Hebreus 12, 14.

Quando falamos em bom humor, também não estamos nos referindo ao "bobo alegre", àquele que nem sabe por que é alegre; muito menos mencionando uma pessoa insensível, debochada, malcriada, sádica, cínica, que faz maldades e confunde liberdade com libertinagem.

Na verdade, bom humor tem a ver com consciência, discernimento e serenidade! Havendo vontade, leia Romanos 12, 2.

O genuíno bom humor é naturalmente germinado, nutrido e desenvolvido na alma de gente que encontra forças para sorrir mesmo em meio às tribulações, uma vez que as perversidades e incompreensões deste mundo não conseguem petrificar nem matar os corações acolhidos e cuidados pelo amor infinito de Deus.

Reflita sobre uma frase da exímia atriz e cantora brasileira Bibi Ferreira:

*O bom humor é uma das grandes forças da vida!*
*Amortiza a maldade e o pensamento ruim.*

Ânimo! Cultive e partilhe o bom humor...

# DOS PAIS PARA OS FILHOS

De muitos modos eu menciono o óbvio, constatação evidente que tem se tornado despercebida pela maioria da população inconsciente e distraída.

Mais uma obviedade: vivemos numa época de muitas informações e divulgação de conhecimentos variados.

Sábia é a Família que cultiva o bom humor no lar. Papai, mamãe, irmãozinhos, irmãzinhas, vovó, vovô e demais familiares. Todos dedicando importante parte do dia para brincar, sorrir, cantar, dançar e... descansar. Até Deus descansou!

O Céu faz festa diante daqueles que transformam o lar num sagrado lugar em que se pode genuinamente amar.

Cristo sorri a quem faz sorrir uma criança!

Os anjos aplaudem! Santos e santas felicitam!

Doença? Melancolia? Cinismo? Apatia? Exorcize isso de sua vida.

# PENSAMENTOS COMPLEMENTARES

Ideias, pensamentos, teorias, intuições. Quando tudo isso é sagrado, nada disso tem valor nem significado se não for vivenciado. Leia com carinho e atenção as demais orientações a seguir e, fundamentalmente, as pratique!

*Não se deixe dominar pela tristeza, nem se aflija com preocupações. Alegria do coração é vida para o ser humano, e a satisfação lhe prolonga a vida. Anime-se, console o coração e afaste a melancolia para longe. Pois a melancolia já arruinou muita gente, e não serve para nada. Inveja e ira encurtam os anos, e a preocupação faz envelhecer antes do tempo. Coração alegre favorece o bom apetite e faz sentir o gosto da comida.*

**(Eclesiástico 30, 21-25)**

*Ainda que a alegria neste mundo não seja plena, Deus a quer e convida o homem a não apagá-la. Os momentos de alegria que proporcionam as pequenas coisas de cada dia são uma antecipação da alegria sem fim.*

**(Camilo Maccise)**

- *"Humor: rebelião tranquila do espírito contra a miséria envergonhada da condição humana."* (Aníbal Machado)

- *"Onde houver tristeza que eu leve a alegria."* (Oração atribuída a São Francisco de Assis)

- **"Siga sua felicidade, e o universo vai abrir portas para você onde só havia paredes."** (Joseph Campbell)

- **"O objetivo da vida é voltar a ser criança. Brincar gera prazer. Deus criou o brinquedo."** (Rubem Alves)

- **"A diversão não atrapalha o trabalho."** (Oscar Niemeyer)

- **"Tente ser feliz, enquanto a tristeza estiver distraída."** (Toquinho)

- **"À luz do novo dia cantarei, brilha o sol, brilha o luar, brilha a vida de quem dançar."** (Beto Guedes)

- **"Há sempre um instante que se eterniza."** (Elias José)

- **"O humor aumenta a noção de sobrevivência e preserva a sanidade."** (Charles Chaplin)

- **"A criação de algo novo é realizada pelo instinto de diversão que age a partir de necessidade interior."** (Carl Gustav Jung)

- **"O sorriso, mais que o riso ou o pranto, é a mais suave forma de dar razão à vida."** (Augusto Boal)

# FAZER SORRIR, PODER SONHAR

Promova a paz!

Seja feliz, fazendo alguém feliz!

Lembre-se:

*"Há maior felicidade em doar do que em receber!"* (Atos 20, 35).

*"Felizes os que promovem a paz, pois serão chamados filhos de Deus."* (Mateus 5, 9)

Assim seja!

Obrigado pela leitura, pelo carinho da sua presença.

Agradeça e não se esqueça: se reconheça imagem e semelhança de Deus!

Busque as coisas do alto, se afeiçoe pelas realidades espirituais eternas.